AF309596

GOUVERNEMENT GÉNÉRAL DE L'AFRIQUE OCCIDENTALE FRANÇAISE

DURÉE DU MARCHÉ :

UN AN

du 1er avril 1906
au 31 mars 1907

DATE DE LA NOTIFICATION :
18 janvier 1906

COLONIE

DE LA

GUINÉE FRANÇAISE

SERVICE LOCAL

3e BUREAU DU GOUVERNEMENT

MARCHÉ SOUSCRIT
le 14 décembre 1905

PAYABLE
à
CONAKRY
(GUINÉE)

CAHIER

DES CONDITIONS PARTICULIÈRES RELATIVES A L'ADJUDICATION

SUR SOUMISSIONS CACHETÉES

DE LA FOURNITURE DES MATÉRIAUX, DENRÉES ET OBJETS DIVERS

NÉCESSAIRES AU SERVICE LOCAL DE LA GUINÉE FRANÇAISE

DU 1er AVRIL 1906 AU 31 MARS 1907

NANCY

IMPRIMERIE BERGER-LEVRAULT & Cie

18, RUE DES GLACIS, 18

1906

GOUVERNEMENT GÉNÉRAL DE L'AFRIQUE OCCIDENTALE FRANÇAISE

DURÉE DU MARCHÉ :

UN AN

du 1er avril 1906
au 31 mars 1907

DATE DE LA NOTIFICATION :

18 janvier 1906

COLONIE

DE LA

GUINÉE FRANÇAISE

SERVICE LOCAL

3e BUREAU DU GOUVERNEMENT

MARCHÉ SOUSCRIT

le 14 décembre 1905

PAYABLE
à
CONAKRY
(GUINÉE)

CAHIER

DES CONDITIONS PARTICULIÈRES RELATIVES A L'ADJUDICATION SUR SOUMISSIONS CACHETÉES DE LA FOURNITURE DES MATÉRIAUX, DENRÉES ET OBJETS DIVERS NÉCESSAIRES AU SERVICE LOCAL DE LA GUINÉE FRANÇAISE DU 1er AVRIL 1906 AU 31 MARS 1907

NANCY

IMPRIMERIE BERGER-LEVRAULT & Cie

18, RUE DES GLACIS, 18

1906

MINISTÈRE DES COLONIES

GOUVERNEMENT GÉNÉRAL DE L'AFRIQUE OCCIDENTALE FRANÇAISE

COLONIE DE LA GUINÉE FRANÇAISE

SERVICE LOCAL

3ᵉ BUREAU DU GOUVERNEMENT

CAHIER

DES CONDITIONS PARTICULIÈRES RELATIVES A L'ADJUDICATION SUR SOUMISSIONS CACHETÉES DE LA FOURNITURE DES MATÉRIAUX, DENRÉES ET OBJETS DIVERS NÉCESSAIRES AU SERVICE LOCAL DE LA GUINÉE FRANÇAISE DU 1ᵉʳ AVRIL 1906 AU 31 MARS 1907.

ART. 1ᵉʳ

Objet de l'adjudication.

La présente adjudication a pour objet la fourniture, du 1ᵉʳ avril 1906 au 31 mars 1907, des matériaux et produits divers nécessaires au service local de la Guinée française.

La fourniture est divisée en neuf lots, savoir :

1ᵉʳ lot. — Chaux et ciments.
2ᵉ lot. — Riz, foin, mil, orge, paille d'arachides.
3ᵉ lot. — Toiles, tissus, habillement.

4e lot. — Matières, objets et ustensiles divers.
5e lot. — Outils pour professions diverses, charbon.
6e lot. — Cordages et objets spéciaux de matériel naval.
7e lot. — Bois.
8e lot. — Briques, tuiles, carreaux.
9e lot. — Peinture, huile, essence, vernis.

Art. 2

Importance de la fourniture.

Les quantités prévues dans chacun des états annexés au présent cahier des charges et auxquelles les prix unitaires sont appliqués pour l'adjudication n'engagent en rien l'administration de la colonie, qui se réserve de régler les commandes suivant les besoins du service et d'augmenter ou de diminuer ces quantités dans la proportion d'un quart en plus ou en moins.

Art. 3

Date et lieu de l'adjudication.

L'adjudication aura lieu avec concurrence et publicité, dans les bureaux du gouvernement (3e bureau), à Conakry, le 14 décembre 1905, à 9 heures du matin, sur soumissions cachetées, conformément aux articles 21 et suivants des clauses et conditions générales arrêtées par le ministre le 7 juillet 1899.

Les enveloppes devront porter la suscription : ADJUDICATION POUR LA FOURNITURE DE.....

Art. 4

Soumissions. — Mode d'adjudication.

Les soumissions devront être conformes au modèle annexé au présent cahier des charges. Elles devront indiquer très exactement les noms des personnes, les raisons sociales ou les dénominations des sociétés commerciales qui se présenteront comme soumissionnaires, ainsi que leur domicile.

Les représentants des concurrents qui assisteront à l'adjudication devront être munis d'un pouvoir en règle leur permettant de signer le procès-verbal de l'adjudication.

Il ne sera pas indiqué de prix de base.

Les concurrents détermineront eux-mêmes les prix auxquels ils se chargeront de la fourniture pour chaque article.

Le soumissionnaire qui, pour l'ensemble des prix et la totalité des quantités figurant dans la nomenclature afférente à chaque lot, aura fait l'offre la plus avantageuse, sera déclaré adjudicataire provisoire du lot correspondant, sous réserve de la vérification des calculs et de l'approbation du gouverneur en conseil d'administration.

Les prix unitaires de chaque article portés à la soumission seront exprimés en francs et centimes. Tout millime sera négligé.

Toutefois, en ce qui concerne les articles marqués d'un astérisque dans la nomenclature des lots, le soumissionnaire sera tenu de déposer un échantillon de chacun d'eux au 3e bureau du gouvernement quinze jours avant la date de l'adjudication.

Ces échantillons seront examinés par une commission spéciale chargée de s'assurer qu'ils répondent bien, comme confection et qualité, aux besoins du service auquel ils sont destinés.

La commission sera libre de les soumettre à telles épreuves et expertises qu'elle jugera utiles pour éclairer son appréciation.

Le procès-verbal de ces opérations ne mentionnera pas le motif du rejet des échantillons jugés insuffisants.

Lecture de ce procès-verbal sera donnée en séance publique d'adjudication.

La collection déposée par le soumissionnaire qui sera déclaré adjudicataire provisoire sera conservée par l'administration, recevra son cachet et servira de modèle. Elle ne sera pas payée à l'adjudicataire, qui devra en tenir compte dans l'établissement de sa soumission.

Le résultat définitif de l'adjudication sera proclamé à la séance de la commission du 21 décembre 1905.

L'adjudication ne sera définitive qu'après l'approbation du gouverneur en conseil d'administration.

Art. 5

Pièces à annexer aux soumissions.

Chacun des concurrents devra annexer à sa soumission :

1° Une pièce constatant qu'il est domicilié en Guinée française ;

2º Une pièce constatant qu'il est patenté ;

3º Un récépissé constatant le versement à titre de cautionnement provisoire d'une somme de :

350 fr. pour le 1er lot ;
850 fr. pour le 2e lot ;
350 fr. pour le 3e lot ;
180 fr. pour le 4e lot ;
600 fr. pour le 5e lot ;
180 fr. pour le 6e lot ;
850 fr. pour le 7e lot ;
400 fr. pour le 8e lot ;
350 fr. pour le 9e lot.

Ce récépissé sera remis, après proclamation des résultats de l'adjudication, aux soumissionnaires qui n'auront pas été déclarés adjudicataires.

Art. 6

Cautionnement provisoire.

Le cautionnement provisoire sera réalisé, à la caisse du trésorier-payeur de la Guinée française, en numéraire.

Art. 7

Cautionnement définitif.

Dans les dix jours qui suivront la notification de l'approbation de l'adjudication, l'adjudicataire devra convertir son cautionnement provisoire en un cautionnement d'une importance double.

Le récépissé constatant cette réalisation sera déposé par le fournisseur, dans le délai de dix jours au plus, au 3e bureau du gouvernement.

Art. 8

Livraisons.

Les livraisons devront être effectuées dans le magasin dès approvisionnements du service local, aux frais et risques des adjudicataires, suivant commandes régulières adressées par le 3ᵉ bureau du gouvernement. Le tiers des fournitures de chaque lot sera tenu à la disposition de l'administration à partir du 1ᵉʳ avril 1906. La totalité des articles ou quantités restant à livrer sera exigible à compter du 1ᵉʳ juillet suivant.

Les contenants et emballages demeureront la propriété de l'administration, sans indemnité pour le fournisseur.

ART. 9

Recettes.

Les recettes seront effectuées au magasin des approvisionnements pour chaque article fourni, par la commission ordinaire des recettes.

Les fournisseurs ou leurs représentants seront prévenus à l'effet de pouvoir assister aux séances de la commission, mais les délibérations s'effectueront toujours hors de leur présence.

Le fournisseur ne pourra arguer, en vue de faire admettre en recette, de la conformité des produits qu'il présente avec ceux déjà fournis ou existant dans les magasins de l'administration.

Les décisions de la commission seront immédiatement exécutoires, sauf en cas de rebut, où il sera sursis jusqu'à l'expiration des délais d'appel spécifiés à l'article 10 ci-après.

ART. 10

Rebuts.

Les matières ou objets qui ne satisferont pas aux conditions stipulées au présent cahier des charges, ou qui ne seront pas conformes aux échantillons-types, seront rebutés. Ils devront être enlevés par le fournisseur, à ses frais et risques, dans le délai de trois jours à partir de la notification du rebut définitif de la fourniture et remplacés dans le délai fixé par la commission.

Les fournisseurs qui croiront devoir réclamer contre un rebut prononcé par la commission des recettes seront admis à faire appel, par mémoire écrit et signé par les intéressés, devant le gouverneur, qui se prononcera en dernier ressort sur le maintien ou le rejet de la fourniture.

Leurs requêtes, pour être recevables, devront parvenir dans le délai de trois jours qui suivra la notification écrite du rebut.

Art. 11

Pénalités pour retard.

Dans le cas où les livraisons ou le remplacement des quantités refusées ne seraient pas effectués dans les délais fixés par les conditions particulières du présent cahier des charges, le fournisseur aura à subir les pénalités prescrites par les conditions générales du 7 juillet 1899.

Art. 12

Remise et établissement des factures.

Conformément aux dispositions de l'article 27 du décret du 18 novembre 1882 et par application des articles 42 et 46 des conditions générales auxquelles le présent cahier des charges se réfère, le fournisseur sera tenu de présenter, sous peine de déchéance, en même temps que les objets livrés, sa facture en deux expéditions.

Cette facture mise en concordance, s'il y a lieu, avec le procès-verbal de recette définitive des objets, servira de base au payement de la livraison.

Art. 13

Lieu de payement.

Les payements auront lieu à Conakry.

Art. 14

Frais d'impression et d'enregistrement.

Le présent cahier des charges et les pièces annexées, soumission et procès-verbal d'adjudication, seront imprimés à deux cents exemplaires par les soins de l'administration aux frais des adjudicataires et au prorata de l'importance de chaque lot.

Les frais d'enregistrement seront à la charge des adjudicataires.

Dix exemplaires imprimés leur seront remis sur leur demande.

ART. 15

Références aux conditions générales.

Les conditions générales arrêtées par le ministre des colonies le 7 juillet 1899, sont applicables au présent marché en tout ce qui n'est pas contraire aux dispositions qui précèdent.

Toutes les contestations qui pourraient survenir à l'occasion de la présente adjudication seront jugées administrativement.

Conakry, le 23 septembre 1905.

Le chef du 3ᵉ bureau,
Signé : MARLOT.

Vu :
Le secrétaire général,
Signé : DESAILLE.

Approuvé en conseil d'administration
le 30 décembre 1905.
Le lieutenant-gouverneur,
Signé : A. FRÉZOULS.

Pour copie conforme :
Le chef de cabinet du lieutenant-gouverneur,
Signé : BROS.

ARTICLE ADDITIONNEL *portant modification de la date d'adjudication et de la composition des lots nᵒˢ 3, 5, 6, et de la date de la proclamation des résultats définitifs.*

Étant donné le rejet par la commission des marchés, dans sa séance du 14 décembre 1905, des soumissions déposées pour les lots nᵒˢ 3, 5 et 6, et la demande présentée par les concurrents de reporter à fin juin le délai de livraison des articles qu'ils comportent et pour lesquels les échantillons déposés ont été jugés insuffisants, il sera procédé, le 21 décembre 1905, à 9 heures du matin, au 3ᵉ bureau du gouvernement, à une nouvelle adjudication des lots précités. Il ne sera pas reçu d'offre en ce qui concerne les articles énumérés ci-après :

3e lot.

11. Drap vert ;
24. Torchons toile.

5e lot.

30-31. Poulies.

6e lot.

82. Matchettes.

La proclamation des résultats définitifs, fixée au 21 décembre 1905, est reportée au 23 du même mois. (Séance extraordinaire de la commission des marchés.)

Conakry, le 14 décembre 1905.

Approuvé d'urgence, sauf ratification du conseil d'administration.

Pour le lieutenant-gouverneur absent,
Le secrétaire général p. i.,
Signé : DESAILLE.

Approuvé en conseil d'administration, le 30 décembre 1905.

Le lieutenant-gouverneur,
Signé : A. FRÉZOULS.

PROCÈS-VERBAL

Conformément aux dispositions de l'article 4 du cahier des charges relatif à l'adjudication sur soumissions cachetées de la fourniture des matériaux, denrées et objets divers nécessaires au service local de la Guinée française du 1er avril 1906 au 31 mars 1907, ce treize décembre mil neuf cent cinq, à 8 heures du matin, une commission composée de :

MM. Desaille, administrateur en chef des colonies, secrétaire général p. i., président ;

Gillot, conducteur des travaux publics, chef du service des travaux publics p. i. ;

Marlot, commis de 1re classe des secrétariats généraux, f. fon de chef du 3e bureau ;

Brière de l'Isle, commis de 4e classe des affaires indigènes,

s'est réunie à l'effet d'examiner les échantillons déposés par les négociants désireux de présenter des soumissions pour les articles désignés aux nomenclatures jointes audit cahier des charges.

Après avoir soumis ces échantillons à différentes épreuves et expertises, la commission a écarté les échantillons de :

3e lot.

Torchons toile (Compagnie française de l'Afrique occidentale).

5e lot.

Poulies (Compagnie française de l'Afrique occidentale).

6e lot.

Matchettes (Compagnie française de l'Afrique occidentale).

3e lot.

Kaki français (Compagnie coloniale d'exportation) ;
Drap vert (Id.).

4e lot.

Plat fer blanc (Compagnie coloniale d'exportation) ;
Lanterne (Id.) ;
Toile goudronnée (Id.).

5e lot.

Faucille (Compagnie coloniale d'exportation).

6ᵉ lot.

Poulies (Compagnie coloniale d'exportation);
Toile à voile (Id.),

qui ne présentent pas les conditions exigées.

En foi de quoi ils ont rédigé le présent procès-verbal.

A Conakry, les jour, mois et an que dessus.

Le secrétaire général p. i., président,

Signé : DESAILLE.

Les membres,

Signé : GILLOT.

MARLOT.

BRIÈRE DE L'ISLE.

SOUMISSION (MODÈLE)

Nous, soussignés. . . . .
demeurant à Conakry, nous soumettons et engageons envers le secrétaire général, stipulant au nom et par délégation de M. le gouverneur
de la Guinée française, à fournir et à livrer à nos frais et risques, dans
les locaux du service local, ou à l'emplacement désigné par l'administration à Conakry, dans les délais et aux conditions déterminées par le
cahier des charges relatif à la fourniture des matériaux, denrées et objets
divers nécessaires au service local du 1ᵉʳ avril 1906 au 31 mars 1907,
composant le lot n°....., moyennant le prix total de.....

Il est bien entendu que les quantités portées dans la nomenclature
auxquelles les prix unitaires sont appliqués pour l'adjudication, n'engagent en rien l'administration de la colonie et seront réduites ou augmentées selon les besoins.

Nous déclarons en outre avoir une parfaite connaissance du cahier
des charges particulières à ladite fourniture, ainsi que des conditions
générales des marchés du 7 juillet 1899, et nous engageons à nous y
conformer en tout ce qui n'est pas contraire aux stipulations qui précèdent.

Conakry, le   190 .

1er lot. — CHAUX ET CIMENTS

Nos d'ordre	DÉSIGNATION DES MATIÈRES	UNITÉS	QUAN-TITÉS	PRIX de l'unité	TOTAUX
1	Chaux du Theil (Pavin-Lafarge).	Tonne	300	55f 15	16 545f 00
2	Chaux grasse en barils	—	15	60 50	907 50
3	Ciment à prise lente (Vicat).	—	50	69 05	3 452 50
4	— rapide	—	10	69 05	690 50
	Total				21 595 50

Observations.

La chaux et le ciment devront satisfaire aux clauses et conditions de l'arrêté du ministre des travaux publics en date du 2 juin 1902 concernant les fournitures de ciments et chaux hydrauliques.

Chaux. — La chaux devra provenir des usines du Theil et être de la marque Pavin-Lafarge. Elle sera logée dans des sacs d'origine plombés de 50 kilogr. au maximum.

Chaux grasse. — La chaux grasse sera renfermée dans des barils hermétiquement clos ; la quantité d'eau devra être proportionnée comme suit : pour trois volumes de chaux, un volume d'eau. Bien remuée elle devra présenter ainsi une bouillie très épaisse.

Si le service local s'aperçoit dans l'emploi qu'il fera ultérieurement de cette chaux qu'une autre quantité d'eau a été ajoutée, l'article 73 des conditions générales des marchés sera applicable dans toute sa rigueur.

Ciment. — Le ciment ne devra pas avoir plus de six mois de magasin. Il sera logé dans des barils suffisamment solides et portant la marque de provenance « Demarle et Loguety ». de Boulogne-sur-Mer ou « Vicat » de la Grande Chartreuse, n° 2 (prise lente).

SOUMISSION

Nous, soussignée, Compagnie française de l'Afrique occidentale, demeurant à Conakry, nous soumettons et nous engageons envers le secrétaire général, stipulant au nom et par délégation de M. le gouverneur de la Guinée française, à fournir et à livrer à nos frais et risques, dans les locaux du service local, ou à l'emplacement désigné par l'administration à Conakry, dans les délais et aux conditions déterminées par le cahier des charges relatif à la fourniture des matériaux, denrées et objets divers nécessaires au service local du 1er avril 1906 au 31 mars 1907, composant le lot n° un (1), moyennant le prix total de fr. : 21 595,50 (vingt et un mille cinq cent quatre-vingt-quinze francs cinquante centimes).

Il est bien entendu que les quantités portées dans la nomenclature auxquelles les prix unitaires sont applicables pour l'adjudication n'engagent en rien l'administration de la colonie et seront réduites ou augmentées selon les besoins.

Nous déclarons en outre avoir une parfaite connaissance du cahier des charges particulières à ladite fourniture, ainsi que des conditions générales des marchés du 7 juillet 1899, et nous engageons à nous y conformer en tout ce qui n'est pas contraire aux stipulations qui précèdent.

» Conakry, le 14 décembre 1905.

Par procuration de la Compagnie française de l'Afrique occidentale,

L'agent fondé de pouvoirs,

Signé : VIDOR.

2e lot. — RIZ, FOIN, PAILLE D'ARACHIDES

Nos d'ordre	DÉSIGNATION DES MATIÈRES	QUAN-TITÉS	UNITÉS	PRIX de l'unité	PRODUIT
1	Riz	150	Tonne.	261f 50	39 225f 00
2	Foin	5	—	148 50	742 50
3	Mil	5	—	175 00	875 00
4	Orge	1	—	250 00	250 00
5	Paille d'arachides	2	—	200 00	400 00
6	Sel	15	—	89 00	1 335 00
	TOTAL				42.827 50

Observations.

Riz. — Le riz devra être de la qualité dite « Riz criblé à 25 °/₀ ». Le riz brisures ne sera pas admis. Le riz sera logé dans des sacs de 25 kilogr. net, confectionnés avec de la toile très forte.

Foin. — Le foin devra provenir de France. Il sera de bonne qualité, parfaitement sec, et ne présentera aucune trace d'humidité ou de fermentation, par suite de l'empilage ; il ne devra pas avoir été altéré par les pluies, lors de la dessiccation ou depuis son emballage.

Mil. — Le mil sera de bonne qualité, de la dernière récolte et non charançonné.

Paille d'arachides. — La paille d'arachides sera de bonne qualité, de la dernière récolte et ne devra présenter aucune trace d'humidité ou de fermentation.

Sel. — Le sel sera livré en sacs de 25 kilogr. net, les sacs devront être en toile très forte. Lors de la livraison, le sel ne devra pas être humide.

Orge. — L'orge sera de bonne qualité et non charançonnée.

SOUMISSION

Nous, soussignée, Compagnie française de l'Afrique occidentale, demeurant à Conakry, nous engageons et nous soumettons envers le secrétaire général stipulant au nom et par délégation de M. le gouverneur de la Guinée française, à fournir et à livrer à nos frais et risques, dans les locaux du service local, ou à l'emplacement désigné par l'administration à Conakry, dans les délais et aux conditions déterminées par le cahier des charges relatif à la fourniture des matériaux, denrées et objets divers nécessaires au service local du 1ᵉʳ avril 1906 au 31 mars 1907, composant le lot n° deux (2), moyennant le prix total de fr. : 42 827,50 (quarante-deux mille huit cent vingt-sept francs cinquante centimes).

Il est bien entendu que les quantités portées dans la nomenclature auxquelles les prix unitaires sont applicables pour l'administration, n'engagent en rien l'administration de la colonie et seront réduites ou augmentées selon les besoins.

Nous déclarons en outre avoir une parfaite connaissance du cahier des charges particulières à ladite fourniture, ainsi que des conditions générales des marchés du 7 juillet 1899, et nous engageons à nous y conformer pour tout ce qui n'est pas contraire aux stipulations qui précèdent.

Conakry, le 14 décembre 1905.

Par procuration de la Compagnie française de l'Afrique occidentale,

L'agent fondé de pouvoirs,

Signé : VIDOR.

3ᵉ lot. — TOILES, TISSUS, HABILLEMENT

Nᵒˢ d'ordre	DÉSIGNATION DES ARTICLES	UNITÉS	QUAN-TITÉS	PRIX	TOTAUX
1	Bérets du modèle de la marine avec jugulaire blanche	nombre.	200	3ᶠ 05	610ᶠ 00
2	Bordure bleue, tresse en laine	mètre.	2 500	0 11	275 00
3	Boutons dorés, ancre en relief	douzaine.	12	2 00	24 00
4	— en cuivre ; pour miliciens, avec inscription « Guinée française »	nombre.	4 000	0 09	360 00
5	Casquettes de 1ᵉʳ maître, modèle réglementaire.	—	4	5 80	23 80
6	— 2ᵉ —,	—	4	5 60	22 40
7	— d'infirmier avec initiale I. L.	—	30	5 25	157 50
8	Chéchias gris-fer et insignes des postes et télégraphes, brodés en jaune, sur demi-lune d'étoffe de même couleur que la chéchia.	—	200	1 90	380 00
9	*Chéchias bleue avec gland (milice)	—	800	2 30	1 840 00
10	Gause de coton.	mètre.	50	0 10	5 00
11	*Coutil blanc de 1ᵐ,40 de largeur	—	1 200	1 38	1 656 00
12	*Étamine pure en laine blanche	—	50	0 75	37 50
13	*Étamine — rouge	—	100	0 75	75 00
14	*Étamine — bleue	—	50	0 75	37 50
15	Pavillons français en étamine pure laine, sur 1ᵐ,20 × 0ᵐ,80.	nombre.	100	2 10	210 00
16	Pavillons français en étamine pure laine, sur 1ᵐ,20 × 1ᵐ,80.	—	100	3 75	375 00
17	*Sacs vides à riz de 25 kilogr.	—	1 500	0 22	330 00
18	*Serviettes de toilette pour bureau	douzaine.	6	8 00	48 00
19	*Toile bleue très forte de 0ᵐ,80 de largeur	mètre.	2 000	0 98	1 960 00
20	*Toile kaki de 0ᵐ,80 de largeur	—	5 500	0 87	4 785 00
21	*Toile à matelas forte de 1ᵐ,60 de largeur.	—	150	2 10	315 00
22	Toile — 1ᵐ,20 —	—	100	1 60	160 00
23	Toile pour oreillers et traversins	—	80	2 10	168 00
24	*Tricots rayés marins, bleu et blanc, modèle réglementaire.	nombre.	250	1 80	450 00
25	Tulles pour moustiquaire de 0ᵐ,200 de largeur.	mètre.	500	1 15	575 00
26	Wigam	—	80	0 30	24 00
	TOTAL				14 903 10

Observations.

Les toiles et les tissus ne laisseront rien à désirer au point de vue de la qualité des matières et de la fabrication. Les fils employés pour la fabrication des toiles seront de première qualité.

Afin de reconnaître si la toile n'est pas trop fortement chargée d'encollage ou si elle ne renferme pas d'apprêt factice, il sera procédé à l'épreuve suivante :

Une lessive de 80 grammes de savon marbré de Marseille sur 8 litres d'eau sera mise en ébullition et lorsque le savon sera parfaitement fondu, on y introduira un coupon de 1 mètre préalablement pesé qui sera soumis à l'ébullition pendant trente minutes. Le coupon sera ensuite rincé à l'eau tiède sans être tordu et séché à l'ombre. Toute toile qui, après cette épreuve, présentera un poids inférieur à 5 % du poids primitif, sera rejetée.

Les étamines seront en pure laine non mélangée, bien fabriquée, bon teint et d'un tissu uni.

Toutes les pièces d'étoffe devront être d'une fabrication soignée, à laize égale dans toute la longueur des pièces.

La toile bleue devra être teinte en fil à l'indigo pur de cuve, sans avivage. Pour s'en assurer, on plongera le tissu pendant dix minutes dans une lessive d'eau bouillante contenant 4 % en poids de savon de Marseille. Il devra sortir de la lessive sans altération de teinte, au contact de l'acide nitrique, il devra se produire une tache jaune d'or légèrement bordée de vert.

Les pavillons confectionnés devront avoir une gaine de toile fine et drisse de pavillon tressée avec œillet aux deux bouts (modèle de la marine).

SOUMISSION

Nous soussignée, Compagnie française de l'Afrique occidentale, demeurant à Conakry, nous soumettons et nous engageons envers le secrétaire général, stipulant au nom et par délégation de M. le gouverneur de la Guinée française, à fournir et à livrer, à nos frais et risques, dans les locaux du service local, ou à l'emplacement désigné par l'administration à Conakry, dans les délais et aux conditions déterminées par le cahier des charges relatif à la fourniture des matériaux, denrées et objets divers nécessaires au service local du 1er avril 1906 au 31 mars 1907, composant le lot n° trois (3), moyennant le prix total de fr. : 14 903,10 (quatorze mille neuf cent trois francs dix centimes).

Il est bien entendu que les quantités portées dans la nomenclature auxquelles les prix unitaires sont applicables pour l'adjudication n'engagent en rien l'administration de la colonie et seront réduites ou augmentées suivant les besoins. Nous déclarons en outre avoir une parfaite connaissance du cahier des charges particulières à ladite fourniture, ainsi que des conditions générales des marchés du 7 juillet 1899, et nous engageons à nous y conformer en tout ce qui n'est pas contraire aux stipulations qui précèdent.

Conakry, le 21 décembre 1905.

Par procuration de la Compagnie française de l'Afrique occidentale,

L'agent fondé de pouvoirs,

Signé : VIDOR.

4e lot. — MATIÈRES, OBJETS, USTENSILES DIVERS

Nos d'ordre	DÉSIGNATION DES MATIÈRES	UNITÉS	QUAN-TITÉS minima	PRIX de l'unité	PRODUITS
1	Acide chlorhydrique en dames-jeannes.	litre.	30	1f 10	33f 00
2	Balance Roberval de 50 kilogr., série poids fonte.	nombre.	15	40 00	600 00
3	Balais paille de riz ou de mil	—	250	0 90	225 00
4	— de bruyère.	—	200	0 40	80 00
5	Bascules pesant jusque 200 kilogr. avec série poids	—	10	45 00	450 00
6	Blanc d'Espagne	kilogr.	250	0 90	225 00
7	Bougies « Étoile » en caisse de 25 paquets de 450 gr.	caisse.	40	18 75	750 00
8	*Brocs en fer battu, émail bleu et blanc de 7 à 9 litres	nombre.	25	3 50	87 50
9	Brosses en chiendent	—	80	0 65	52 00
10	— rondes pour essuyage des verres de lampe.	—	15	0 40	6 00
11	*Chaises en bois courbé et à sièges canné. . . .	—	70	7 40	518 00
12	* — en fer pliantes.	—	100	3 75	375 00
13	Coffres-forts de 30 kilogr.	—	6	58 00	348 00
14	Cordeau Bickford.	mètre.	4 000	0 06	240 00
15	Couvertures grises ordinaires.	nombre.	50	8 50	425 00
	A reporter				4414 50

4ᵉ lot. — MATIÈRES, OBJETS, USTENSILES DIVERS (*Suite*)

N°s d'ordre	DÉSIGNATION DES MATIÈRES	UNITÉS	QUAN-TITÉS minima	PRIX de l'unité	PRODUITS
	Report	. . .	. . .	. . .	4 414ᶠ 50
16	Crin animal torqué	kilogr.	250	4ᶠ 75	1 187 50
17	*Cuvettes en fer battu fort, émaillé bleu et blanc de 0ᵐ,30 de diamètre	nombre.	30	1 00	30 00
18	Farine de blé	kilogr.	50	0 50	25 00
19	Fil à coudre fort	mètre.	80	0 01	0 80
20	Ficelle à emballage	kilogr.	50	2 50	125 00
21	*Gamelle en fer battu fort	nombre.	50	0 30	15 00
22	Laine pour matelas	kilogr.	250	4 00	1 000 00
23	Lits en fer à une place et demie avec monture de moustiquaire, sommier toile métallique, à tendeur sans literie	nombre.	10	95 00	950 00
24	Lits en fer à deux places	—	30	100 00	3 000 00
25	*Lanterne de gardien à pétrole	—	50	4 00	200 00
26	*Lampes en cuivre de 6/10 d'épaisseur, avec bec rond kosmos ou similaire de 14 litres, à cheminée cristal	—	40	5 00	200 00
27	Marmites en fonte	—	30	2 00	60 00
28	Marseillais	—	10	2 00	20 00
29	Mèches pour lampes de ville	mètre.	500	0 70	350 00
30	— pour lanternes de gardien	—	100	0 10	10 00
31	— pour lampes en cuivre	—	25	1 05	26 25
32	Nasses à rats	nombre.	10	2 50	25 00
33	Plumeaux	—	10	1 95	19 50
34	*Photophore en cuivre nickelé, chapeau et galerie ajourée, le tube porte-bougie ayant un diamètre inférieur à 25%	—	25	2 65	66 25
35	Potasse du commerce	kilogr.	150	0 30	45 00
36	*Pots à eau fer battu fort émail bleu et blanc, 3 litres 1/2	nombre.	30	3 50	105 00
37	Poudre de mine	kilogr.	2 000	2 40	4 200 00
38	Papier d'emballage	—	200	0 40	80 00
39	Savon de Marseille	—	1 000	0 39	390 00
40	*Seaux hygiéniques	nombre.	30	5 50	165 00
41	Sel ammoniaque pour souder	kilogr.	25	1 40	35 00
42	Suif en boîtes de 5 kilogr.	boîtes.	35	5 50	192 50
43	Têtes de loup	nombre.	6	3 50	21 00
44	*Toile d'emballage goudronnée	mètre.	600	0 50	300 00
45	Verres de lampe	nombre.	150	0 35	52 50
46	— en cristal	—	700	0 60	420 00
47	Verres à vitres 57/47	mètre.	100	4 50	450 00
48	Verrines pour photophores	nombre.	30	0 25	7 50
49	Verres pour lanternes	—	50	0 60	30 00
	TOTAL	. . .	. . .	. . .	18 218 30

Observations.

Crin. — Le crin animal sera neuf, nerveux, à longs brins, exempt de soie, ainsi que de toutes autres matières étrangères.

Laine. — La laine sera blanche et ouverte par le battage, elle devra être lavée à fond, ne dégager aucune odeur de gras ou de suint. Elle ne laissera à la main aucune impression grasse ou humide. Elle sera parfaitement sèche, exempte de poussière et tous autres corps étrangers.

Chaises en bois courbé. — Le bois en sera sain, absolument sec, sans gélivure, piqûres, nœuds, aubier ou autres défauts préjudiciables ; les courbures devront être continues sans aucun jarret.

L'emploi de la colle forte est absolument interdit pour l'assemblage des diverses parties. Tous ces assemblages seront faits au moyen de vis ou tire-fonds.

Le cannage sera fin et régulier. Le meuble devra être livré en couleur acajou.

Toile d'emballage goudronnée. — Un échantillon tendu sur un châssis incliné à trente degrés, sur lequel on fera couler une mince nappe d'eau de manière à simuler une pluie abondante, ne devra pas laisser filtrer l'eau.

SOUMISSION

Nous soussignée, Compagnie française de l'Afrique occidentale, demeurant à Conakry, nous engageons et nous soumettons envers le secrétaire général, stipulant au nom et par délégation de M. le gouverneur de la Guinée française, à fournir et à livrer, à nos frais et risques, dans les locaux du service local, ou à l'emplacement désigné par l'administration à Conakry, dans les délais et aux conditions déterminées par le cahier des charges relatif à la fourniture des matériaux, denrées et objets divers nécessaires au service local du 1er avril 1906 au 31 mars 1907, composant le lot n° quatre (4) moyennant le prix total de fr. : 18 218,30 (dix-huit mille deux cent dix-huit francs trente centimes).

Il est bien entendu que les quantités portées dans la nomenclature auxquelles les prix unitaires sont applicables pour l'adjudication, n'engagent en rien l'administration de la colonie et seront réduites ou augmentées selon les besoins. Nous déclarons en outre avoir une parfaite connaissance du cahier des charges particulières à ladite fourniture, ainsi que des conditions générales des marchés du 7 juillet 1899, et nous engageons à nous y conformer en tout ce qui n'est pas contraire aux stipulations qui précèdent.

Conakry, le 14 décembre 1905.

Par procuration de la Compagnie française de l'Afrique occidentale,

L'agent fondé de pouvoirs,

Signé : VIDOR.

5ᵉ lot. — OUTILS DE PROFESSIONS DIVERSES

Nᵒˢ d'ordre	DÉSIGNATION DES MATIÈRES	UNITÉS	QUAN-TITÉS	PRIX de l'unité	TOTAUX
1	Acier fondu pour outillage carré de 20/20, 30/30, 40/40	kilogr.	150	2 10	315 00
2	Allumettes suédoises	paquet.	150	0 22	33 00
3	Arbres de meules	nombre.	10	1 90	19 00
4	Arrêts de croisée à bascule	—	50	0 15	7 50
5	— de persiennes à paillettes à entailles	—	100	2 00	200 00
6	*Arrosoirs tôle galvanisée ovale avec pomme, non peints, de 14 litres	—	50	6 90	345 00
7	Barres de fer cornières à branches égales de 60/60, poids du mètre 4ᵏᵍ,500, longueur des barres, 6 mètres	kilogr.	200	0 24	48 00
8	Barres de fer cornières de 30/30, poids du mètre 2ᵏᵍ,600, longueur des barres, 6 mètres	—	200	0 24	48 00
9	Barres à mine en acier à pans, longueur des barres, 2 mètres, grosseur, 30ᵐ͵ₘ	nombre.	30	4 50	135 00
10	Becs-de-cane de 70ᵐ͵ₘ, pêne universel avec béquille cuivre du type de la serrure, nᵒ 123	—	40	5 00	200 00
11	*Bêches emmanchées en acier de 0ᵐ,30	—	100	3 70	370 00
12	Binettes	—	50	1 75	87 50
13	Boulons TR et TC, 6 pans, dimensions courantes	kilogr.	500	1 00	500 00
14	Bouterolles de 5, 6, 8, 10, 12, 14, 16, 18, 20 et 24ᵐ͵ₘ	nombre.	20	1 50	30 00
15	Boutons de tables de nuit, en verre	—	15	0 20	3 00
16	Brosses plates à peindre de 0ᵐ,10	—	40	1 45	58 00
17	— — 0ᵐ,08	—	40	1 20	48 00
18	— — 0ᵐ,06	—	40	0 95	38 00
19	— — 0ᵐ,05	—	40	0 75	30 00
20	— — 0ᵐ,04	—	40	0 65	26 00
21	— — 0ᵐ,03	—	40	0 60	24 00
21 bis	Brosses à blanchir	—	80	3 60	288 00
22	Cadenas forts en cuivre	—	40	1 25	50 00
23	*Charnières en cuivre avec vis, de 0ᵐ,06	—	20	0 40	8 00
24	— — 0ᵐ,08	—	20	0 50	10 00
25	— — 0ᵐ,10	—	30	0 60	18 00
26	Charnières en fer avec vis, de 0ᵐ,06	—	25	0 20	5 00
27	— — 0ᵐ,10	—	50	0 30	15 00
28	*Ciseaux à bois	—	15	1 75	26 25
29	Ciseaux à froid	—	15	1 75	26 25
30	Clanches à ressort avec olives rondes et vis	—	40	1 25	50 00
31	Clefs brutes assorties de 0ᵐ,12 à 0ᵐ,08	nombre.	200	0 25	50 00
32	*Clefs anglaises en manche de fer 35ᵐ͵ₘ, à mâchoires doubles en acier	—	20	9 50	190 00
33	Clefs à molette en acier de 0ᵐ,25	—	20	5 00	100 00
34	Clous en cuivre de 20 à 30ᵐ͵ₘ	kilogr.	20	2 50	50 00
35	Clous à construction de 50ᵐ͵ₘ	—	30	0 75	22 50
36	— — 70	—	100	0 75	75 00
37	— — 90	—	100	0 75	75 00
38	— — 100	—	150	0 75	112 50
39	Clous en cuivre à doublage de 15 à 30ᵐ͵ₘ	—	25	2 50	62 50
40	Clous pour tôles ondulées avec rondelles de plomb	—	900	1 00	900 00
41	Colle forte pour menuisier	—	60	0 60	36 00
42	Crémones de Paris, modèle orné de 2ᵐ,50 de longueur et de 20ᵐ͵ₘ de diamètre	nombre.	100	4 10	410 00
	A reporter				5 145 00

5e lot. — OUTILS DE PROFESSIONS DIVERSES (*Suite*)

Nos d'ordre	DÉSIGNATION DES MATIÈRES	UNITÉS	QUAN-TITÉS	PRIX de l'unité	TOTAUX
	Report.				5 145 00
43	Crochets demi-ronds	nombre.	80	0 10	8 00
44	Crochets à 2 pitons.	—	150	0 10	15 00
45	Cornières de 40/40, poids du mètre 3 kilogr., barres de 4 mètres	kilogr.	400	0 24	96 00
46	Crochets d'armoire de 7 à 10$\frac{m}{m}$	nombre.	20	0 05	1 00
47	Cuivre en barres de 25, 30, 40 et 50$\frac{m}{m}$	kilogr.	150	2 80	420 00
48	— à doublage	feuille.	100	4 00	400 00
49	Étain fin en baguettes.	kilogr.	20	5 00	100 00
51	Faux	nombre.	10	4 75	47 50
52	Fers carrés de 10/15 et 20/30	kilogr.	500	0 24	120 00
53	Fers plats de 40/10, 50/10, 40/20, 50/20, 60/15, 60/20, 70/15, 70/20, 30/10, 30/7, 35/10, 35/7, 60/10, 80/10, 100/10	—	1 200	0 24	288 00
54	Fers ronds de 10, 15, 18, 20, 22, 25, 30 et 40$\frac{m}{m}$ de diamètre	—	1 200	0 24	288 00
55	Fil de fer galvanisé n° 3, très fort	—	70	0 50	35 00
56	Griffes à trois dents pour béton	nombre.	20	5 00	100 00
57	*Haches emmanchées, en acier, pour charpentier, poids 2 kilogr.	—	60	5 50	330 00
58	Lames de scie à métaux de 275$\frac{m}{m}$	—	12	3 00	36 00
59	— — 400	—	12	4 00	48 00
60	Limes carreau de 1 kilogr.	—	6	2 00	12 00
61	— 0^{kg},500.	—	6	1 25	7 50
62	— carrées de 10$\frac{m}{m}$.	—	20	1 50	30 00
63	— 15	—	20	1 75	35 00
64	— 20	—	20	2 00	40 00
65	— bâtardes de 0^m,30 à main	—	100	0 95	95 00
66	— empaillées, acier corroyé de 1/4 au paquet.	—	100	1 35	135 00
67	— — — 2 au paquet.	—	100	0 80	80 00
68	— — 1/2 rondes.	—	30	1 35	40 50
69	— queue-de-rat de 0^m,20 à 0^m,35.	—	60	1 35	81 00
70	— tiers-point de 0^m,15.	—	200	0 30	60 00
71	— 0^m,20.	—	80	0 50	40 00
72	— 0^m,30.	—	20	0 90	18 00
73	— 0^m,40.	—	20	1 40	28 00
74	— plates demi-douces de 0^m,25	—	20	0 95	19 00
75	— plates douces de 0^m,25	—	12	1 05	12 60
76	Manches de hache	—	150	0 60	90 00
77	Manches de marteau à frapper.	—	20	0 70	14 00
78	Manches de pelles allemandes bois recourbé naturel.	—	300	0 60	180 00
79	Manches de limes de différentes grosseurs, virole cuivre.	—	50	0 25	12 50
80	Manches de pioches.	—	100	0 55	55 00
81	*Marteaux de menuisier.	—	20	1 60	32 00
83	Massettes de cantonnier de 800 gr.	—	120	0 75	90 00
84	Massettes de carrier de 6 kilogr.	—	20	5 50	110 00
85	Métal déployé n° 11 de 75$\frac{m}{m}$, en feuille de 2^m,40 × 2^m,40.	—	100	21 50	2 150 00
86	Métal déployé n° 11 de 40$\frac{m}{m}$, en feuille de 2^m,40 × 2^m,40.	—	100	12 50	1 250 00
87	Mètres pliants en bois.	—	25	0 45	11 25
	A reporter.				12 205 85

5ᵉ lot. — OUTILS DE PROFESSIONS DIVERSES (Suite)

Nᵒˢ d'ordre	DÉSIGNATION DES MATIÈRES	UNITÉS	QUAN-TITÉS	PRIX de l'unité	TOTAUX
	Report.	. . .	. . .	. . .	12 205 85
88	Mètres pliants en cuivre.	nombre.	30	0 40	12 00
89	Meules pour menuisier de 0ᵐ,50	—	10	5 50	55 00
90	Papier de verre assorti	feuille.	500	0 06	30 00
91	Paumelles double H en cuivre, à olives de 160$\frac{m}{m}$ de hauteur et de 60$\frac{m}{m}$ d'écartement, avec vis	nombre.	225	1 25	281 25
92	Paumelles double H en cuivre, à olives de 180$\frac{m}{m}$ de hauteur et de 60$\frac{m}{m}$ d'écartement, avec vis	—	150	1 70	255 00
93	*Pelles de terrassier allemandes, avec manche	—	350	1 60	560 00
94	Pentures en fer dites paumelles de 0ᵐ,50	—	60	0 95	57 00
95	— dites anglaises de 0ᵐ,80.	—	50	1 70	85 00
96	— — de 0ᵐ,60.	—	50	1 20	60 00
97	Pioches pour terrassement à œil ovale de 3ᵏᵍ,500, en acier	—	250	1 90	475 00
98	Poignées pour tiroir de commode.	—	15	0 80	12 00
99	Pointes de vitrier.	kilogr.	30	1 45	43 50
100	— fines à bois de 30$\frac{m}{m}$	—	40	0 50	20 00
101	— de Paris de 30$\frac{m}{m}$	—	80	0 38	30 40
102	— — 35	—	80	0 38	30 40
103	— — 40	—	130	0 38	49 40
104	— — 50	—	150	0 38	57 00
105	— — 60	—	180	0 38	68 40
106	— — 70	—	120	0 38	45 60
107	— — 80	—	160	0 38	60 80
108	— — 90	—	140	0 38	53 20
109	— — 100	—	125	0 38	47 50
110	— — 120	—	250	0 38	95 00
111	— — 150	—	200	0 38	76 00
112	— — 180	—	200	0 38	76 00
113	— — 200	—	180	0 38	68 40
114	— de tapissier.	—	25	1 10	27 50
115	Rabots de maçon pour mortier, avec manche	—	40	3 50	140 00
116	*Rabots.	—	15	4 80	72 00
117	Rives de dimensions courantes.	kilogr.	400	0 65	260 00
118	Ronces artificielles	mètre.	4 000	0 045	180 00
119	Roues de brouettes tout en fer, moyeux fonte et rayons plats rivés sur la jante	nombre.	40	9 00	360 00
120	Scies de 0ᵐ,50 environ	—	10	3 10	31 00
121	*Seaux en tôle galvanisée très forte de 14 à 15 litres.	—	120	1 75	210 00
122	*Serrures d'armoire en cuivre de 0ᵐ,05	—	50	2 00	100 00
123	Serrures ordinaires à pêne universel, demi-tour de 70$\frac{m}{m}$, avec béquille cuivre de 0$\frac{m}{m}$,05, chanfrein en poussant.	—	50	4 50	225 00
124	Serrures de sûreté, dites poussées, avec entrées rosette, gâches à baguette, 2 clefs, garniture droite, blanchies, de 16$\frac{m}{m}$	—	30	6 00	180 00
125	Râteaux.	—	10	2 00	20 00
126	Soudure d'étain en baguettes.	kilogr.	80	6 00	480 00
127	*Targettes tout en cuivre de 0ᵐ,04	nombre.	100	0 40	40 00
128	— — 0ᵐ,06	—	100	0 55	55 00
129	Tire-fonds à vis de bois, tête carrée, de 0ᵐ,06.	—	200	0 13	26 00
130	— — 0ᵐ,08.	—	300	0 13	39 00
	A reporter.	. . .	. . .	. . .	17 355 20

5ᵉ lot. — **OUTILS DE PROFESSIONS DIVERSES** (*Suite*)

Nᵒˢ d'ordre	DÉSIGNATION DES MATIÈRES	UNITÉS	QUAN-TITÉS	PRIX de l'unité	TOTAUX
	Report.				17 355 20
131	Tire-fonds à vis de bois, tête carrée, de 0ᵐ,10.	nombre.	200	0 13	26 00
132	Tôles ondulées galvanisées de 1ᵐ,80 × 0ᵐ,66, renforcées, épaisseur 4/10 de ᵐ/ₘ.	—	1 700	2 00	3 400 00
133	Tôles ondulées galvanisées de 1ᵐ,80 × 0ᵐ,66, renforcées, épaisseur 8/10 de ᵐ/ₘ	—	2 000	2 90	3 800 00
134	*Tenailles de menuisier	—	15	2 25	33 75
135	Tôles de chaudronnier, épaisseur 1ᵐ/ₘ,5	m. carré.	15	3 10	46 50
136	— — 2ᵐ/ₘ	—	15	4 15	62 25
137	— — 3	—	15	6 20	93 00
138	— — 4	—	15	8 30	124 50
139	— — 5	—	10	10 35	103 50
140	— — 6	—	10	12 40	124 00
141	— — 8	—	10	16 60	166 00
142	Tôles faîtières galvanisées de 8/10 d'épaisseur, longueur courante.	nombre.	300	1 50	450 00
143	Toron en coton pour machine	kilogr.	30	2 50	75 00
144	Tranche à chaud	nombre.	12	3 00	36 00
145	Tranche à froid.	—	12	3 50	42 00
146	*Tourne-vis	—	15	0 80	12 00
147	*Verrous à tige ronde en fer forgé de 0ᵐ,30.	—	25	1 25	31 25
148	— — 0ᵐ,40	—	50	1 75	87 50
149	*Verrous de haut, boîte cuivre, de 0ᵐ,60	—	60	1 50	90 00
150	— — 0ᵐ,33	—	60	1 30	78 00
151	Verrous de sûreté de 70ᵐ/ₘ, bouton à molettes, 2 clefs à gorge.	—	20	6 15	123 00
152	*Vilebrequins avec mèches assorties.	—	5	2 30	11 50
153	Vis en cuivre à tête ronde et tête plate, toutes dimensions.	douzaine.	150	0 30	45 00
154	Vis à bois à tête ronde et tête plate, toutes dimensions.	—	150	0 15	22 50
155	*Vrilles	nombre.	15	0 55	8 25
156	Zinc en grandes feuilles.	kilogr.	200	0 91	182 00
157	Tendeurs pour fil de fer.	nombre.	50	0 75	37 50
158	Fil de fer galvanisé.	kilogr.	200	0 55	110 00
159	Charbon de forge.	tonne.	6	81 00	486 00
	TOTAL.				27 262ᶠ 20

Observations.

Tous les objets de quincaillerie seront de provenance française, c'est-à-dire fabriqués dans des usines situées en France.

Ils devront être de première qualité et comprendre les fournitures pour leur mise en place.

Les *serrures* seront refusées si une pièce est établie en fonte malléable.

Elles seront fournies la moitié à droite poussant et l'autre moitié à gau-che tirant.

Les serrures et cadenas seront livrés avec des clefs variées de façon à ce que la proportion des clefs semblables ne dépasse pas, pour une même livraison, 3 °/₀ pour les serrures et 1 °/₀ pour les cadenas.

Les *pitons, gonds à vis, vis à bois,* etc., seront fabriqués avec le plus grand soin. Le métal employé devra bien résister à la torsion et au re-foulement et ne pas casser à froid. Les têtes de vis seront refoulées et non rapportées, elles seront à arêtes vives et bien dans l'axe de leur tige. Le pas de vis sera nettement coupé sans arrachement et les filets seront à angles vifs.

Clous. Pointes. — Les têtes devront être bien formées et ne présenter aucune gerçure. Le métal employé sera du fer à nerf de première qualité ou de l'acier doux ; il ne devra pas casser à froid, mais résister à la tor-sion et au refoulement.

Les *outils* seront en acier fondu au creuset de première qualité. Ils seront livrés emmanchés.

Les *fers* seront de première qualité, bien réguliers, doux non cas-sant, nerveux, malléables à froid et à chaud, bien soudant, d'un grain fin homogène, sans paille, gerçure, brûlure, ou autres défauts quelcon-ques. Leurs surfaces seront nettes, sans oxyde. Les fers ronds jusqu'au diamètre de 30 millimètres devront pouvoir être pliés à 45 degrés et redressés à froid sans éprouver d'altération.

Les fers à T, les cornières et autres profils seront exactement de l'échantillon demandé, d'un calibre uniforme et bien dressé. Ils devront être peints au minium (deux couches).

Tôles. — Elles devront être très bien laminées et ne pas se fendre ni s'ouvrir sous le poinçon. Celles d'une épaisseur de 8/10 de millimètre pèseront 7^{kg},390 la feuille. Toutes les feuilles d'un poids moindre se-ront refusées.

Les feuilles devront avoir été galvanisées à deux couches et ne pré-senter aucune piqûre ou trace d'oxydation.

Acier. — Il sera de première qualité, dit acier pour outillage et en barres de 2 à 3 mètres.

Charbon. — Le charbon pour forge sera de la qualité dite noisette de forge et ne devra pas contenir de poussier.

SOUMISSION

Nous soussignée, Compagnie française de l'Afrique occidentale, demeurant à Conakry, nous soumettons et nous engageons envers le secrétaire général, stipulant au nom et par délégation de M. le gouverneur de la Guinée française, à fournir et à livrer, à nos frais et risques, dans les locaux du service local, ou à l'emplacement désigné par l'administration à Conakry, dans les délais et aux conditions déterminées par le cahier des charges relatif à la fourniture des matériaux, denrées et objets divers nécessaires au service local du 1er avril 1906 au 31 mars 1907, composant le lot n° cinq (5), moyennant le prix total de fr. : 29 912,90 (vingt-neuf mille neuf cent douze francs quatre-vingt-dix centimes).

Il est bien entendu que les quantités portées dans la nomenclature auxquelles les prix unitaires sont applicables pour l'adjudication n'engagent en rien l'administration de la colonie et seront réduites ou augmentées suivant les besoins.

Nous déclarons en outre avoir une parfaite connaissance du cahier des charges particulières à ladite fourniture, ainsi que des conditions générales des marchés du 7 juillet 1899, et nous engageons à nous y conformer en tout ce qui n'est pas contraire aux dispositions qui précèdent.

Conakry, le 21 décembre 1905.

Par procuration de la Compagnie française de l'Afrique occidentale,

L'agent fondé de pouvoirs,

Signé : VIDOR.

6e lot. — CORDAGES ET OBJETS SPÉCIAUX DE MATÉRIEL NAVAL

Nos d'ordre	DÉSIGNATION DES MATIÈRES	UNITÉS	QUAN-TITÉS	PRIX de l'unité	TOTAUX
1	Aiguilles à voile	nombre.	100	0f 03	5f 00
2	— coudre	—	50	0 03	1 50
3	Ancre pour canot	—	6	13 50	81 00
4	Avirons en frêne de 3m,65	—	40	7 35	294 00
5	— 4m,26	—	30	11 40	342 00
6	— 4m,87	—	20	14 25	285 00
7	— 5m,48	—	8	17 00	136 00
8	Bitord	kilogr.	50	0 95	47 50
9	Borate de soude	—	40	0 85	34 00
10	Bouées de sauvetage	nombre.	20	26 00	520 00
11	Bougies pour fanaux de bord	kilogr.	200	1 60	320 00
12	Brasure de cuivre, 1re qualité	—	25	2 25	56 25
13	*Ceintures de sauvetage	nombre.	30	7 20	216 00
14	Cordages blancs, différents diamètres	kilogr.	800	1 10	880 00
15	Cordages goudronnés	—	1 000	1 00	1 000 00
16	*Crocs galvanisés	nombre.	30	0 90	27 00
17	Déchets de coton pour essuyage	kilogr.	400	0 60	240 00
18	*Drisse de pavillon	mètre.	1 000	0 10	100 00
19	Étoupe goudronnée	kilogr.	200	0 95	190 00
20	*Fanaux de rade	nombre	20	4 25	85 00
21	Fil à voile	kilogr.	50	2 40	120 00
22	Huile à brûler pour lampe de bord	—	500	0 60	300 00
23	Ligne blanche pour sonde	mètre.	300	0 10	30 00
24	— fine	—	300	0 10	30 00
25	*Mannes à charbon de 25 kilogr.	nombre.	30	1 60	48 00
26	*Œillets à voile	—	500	0 07	35 00
27	Peinture pour carène	kilogr.	500	3 40	1 700 00
28	Pelles de chauffage plates	nombre.	10	3 50	35 00
29	Plomb laminé pour joint de 2m/m	kilogr.	500	0 60	300 00
30	Toile émerisée	feuille.	50	0 15	7 50
31	*Tolets en fer galvanisé avec les accessoires pour les embarcations	nombre.	60	1 25	75 00
32	Vaseline en boîtes de 2 kilogr.	—	80	7 25	580 00
	TOTAL				8 120f 75

Observations.

Les cordages et lignes seront confectionnés exclusivement avec des chanvres de première qualité. Ils seront composés de premiers brins, neufs, souples, bien peignés et totalement purgés d'étoupes et de chènevottes.

Ils devront être également tordus sur toute leur longueur, les torons ayant une grosseur et une torsion bien uniformes.

Le chanvre aura été soumis à un rouissage complet avant le broyage et le teillage.

Les cordages à l'état blanc présenteront une teinte claire uniforme et auront l'odeur caractéristique du chanvre nouveau.

Pour les cordages goudronnés, le goudronnage sera toujours opéré sur le fil servant à la fabrication des torons. Ils devront contenir une proportion de goudron comprise entre 14 et 16 °/₀ de leur poids.

La charge de rupture du cordage ne devra pas être inférieure à 10 000 P pour les cordages blancs, et à 7 000 P pour les cordages goudronnés : P étant le poids moyen du mètre résultant de la pesée directe du bout soumis à l'expérience.

Le fil à voile sera à trois fils égaux, très uni, sec et non lissé.

SOUMISSION

Nous soussignée, Compagnie française de l'Afrique occidentale, demeurant à Conakry, nous soumettons et engageons envers le secrétaire général, stipulant au nom et par délégation de M. le gouverneur de la Guinée française, à fournir et à livrer, à nos frais et risques, dans les locaux du service local ou à l'emplacement désigné par l'administration à Conakry, dans les délais et aux conditions déterminées par le cahier des charges relatif à la fourniture des matériaux, denrées et objets divers nécessaires au service local du 1ᵉʳ avril 1906 au 31 mars 1907, composant le lot n° six (6), moyennant le prix total de fr. : 8 120,75 (huit mille cent vingt francs soixante-quinze centimes).

Il est bien entendu que les quantités portées dans la nomenclature auxquelles les prix unitaires sont applicables pour l'adjudication n'engagent en rien l'administration de la colonie et seront réduites ou augmentées suivant les besoins.

Nous déclarons en outre avoir une parfaite connaissance du cahier des charges particulières à ladite fourniture, ainsi que des conditions générales des marchés du 7 juillet 1899, et nous engageons à nous y conformer en tout ce qui n'est pas contraire aux dispositions qui précèdent.

Conakry, le 21 décembre 1905.

Par procuration de la Compagnie française de l'Afrique occidentale.

L'agent fondé de pouvoirs,

Signé : Vidor.

7ᵉ lot. — BOIS

Nᵒˢ d'ordre	DÉSIGNATION DES MATIÈRES	UNITÉS	QUAN-TITÉS	PRIX de l'unité	TOTAUX
1	Lattes de 0ᵐ,03 × 0ᵐ,03	m. cube.	102	108ᶠ 00	216ᶠ 00
2	Lattes de 0ᵐ,03 × 0ᵐ,08	—	5	108 00	540 00
3	Madriers p. pin de 10 mètres long.; 0,30/0,08 . .	—	50	105 00	5 250 00
4	— 6 à 10 mètres, 0,23/0,08 . .	—	50	105 00	5 250 00
5	— 6 mètres, 0,15/0,15	—	50	105 00	1 050 00
6	Madriers sapin pleins de 6 mètres, 0,22/0,08 . .	m. carré.	1 000	1 75	1 750 00
7	— rouge de 6 mètres, 0,22/0,04 1T.	—	1 500	2 00	3 000 00
8	— — , 0,22/0,025 2T.	—	1 500	2 00	3 000 00
9	— — , 0,22/0,020 3T.	—	1 500	2 00	3 000 00
10	— — , 0,22/0,015 4T.	—	1 500	2 00	3 000 00
11	Planches parquet p. pin bouvetées, de 6 mètres, p. 0,15 s/0,03	m. cube.	10	155 00	1 550 00
12	Planches de 6 mètres, 0,22/0,020.	—	10	110 00	1 100 00
13	— , 0,22/0,025.	—	15	115 00	1 650 00
14	— , 0,22/0,030. . . . . - .	—	10	110 00	1 100 00
15	— , 0,22/0,040. . . 4 . . .	—	10	110 00	1 100 00
16	Planches sapin, dites américaines, de 4 à 6 mètres de longueur, s/0,30 de largeur et 0,025 d'épaisseur.	m. lin.	1 000	0 80	800 00
17	Poutrelles p. pin 6 × 0,08	m. cube.	2	105 00	210 00
18	— 8 × 0,08	—	20	105 00	2 100 00
19	— 11 × 0,08	—	3	105 00	315 00
20	— 15 × 0,08	—	4	105 00	420 00
21	Voliges de plafond de 6 mètres, 0,10/0,10. . . .	—	10	155 00	1 550 00
	TOTAL				37 951 00

Observations.

Les bois devront être de droit fil, ni échauffés, ni gras, sans malandre, aubier, roulures, gélivures, nœuds vicieux, pourritures et autres défauts.

Le pitchpin proviendra du Sud des États-Unis d'Amérique et notamment des États de Floride, Géorgie, Louisiane et Alabama.

Il sera à grains fins, de la première qualité, et proviendra d'arbres gommes.

Le sapin rouge proviendra du Nord, des forêts de Suède et de Norvège ou de Pologne. Une certification d'origine de ces bois pourra être exigée lors des fournitures.

Les bois devront avoir exactement les dimensions portées à l'état annexé comme largeur et épaisseur.

SOUMISSION

Nous soussignée, Compagnie française de l'Afrique occidentale, demeurant à Conakry, nous soumettons et nous engageons envers le secrétaire général, stipulant au nom et par délégation de M. le gouverneur de la Guinée française, à fournir et à livrer, à nos frais et risques, dans les locàux du service local, ou à l'emplacement désigné par l'administration à Conakry, dans les délais et aux conditions déterminées par le cahier des charges relatif à la fourniture des matériaux, denrées et objets divers nécessaires au service local du 1er avril 1906 au 31 mars 1907, composant le lot n° sept (7), moyennant le prix de fr. : 37 951 (trentesept mille neuf cent cinquante et un francs).

Il est bien entendu que les quantités portées dans la nomenclature auxquelles les prix unitaires sont applicables pour l'adjudication n'engagent en rien l'administration de la colonie et seront réduites ou augmentées selon les besoins.

Nous déclarons en outre avoir une parfaite connaissance du cahier des charges particulières à ladite fourniture, ainsi que des conditions générales des marchés du 7 juillet 1899, et nous engageons à nous y conformer en tout ce qui n'est pas contraire aux stipulations qui précèdent.

Conakry, le 14 décembre 1905.

Par procuration de la Compagnie française de l'Afrique occidentale,

L'agent fondé de pouvoirs,

Signé : Vidor.

8° lot. — BRIQUES, TUILES ET CARREAUX

N° d'ordre	DÉSIGNATION DES MATIÈRES	UNITÉS	QUAN-TITÉS	PRIX de l'unité	PRODUIT
1	Briques tubulaires à 6 trous	mille.	40	59f 00	2 360f 00
2	— à 9 trous	—	25	112 00	2 800 00
3	Briques pleines de France, pressées, 0,23/0,11 s/0,07.	—	10	105 00	1 050 00
4	Carreaux ciment striés de 20/2 $^{1}/_{2}$.	m. carré.	200	4 95	990 00
5	— hexagones, fins, rouges, polis, pressés, de 0^m,20, épaisseur 0,015, à 28 au mètre carré.	—	700	2 80	1 960 00
6	Carreaux faïence blancs pour revètement, 0,15 $\times$ 0,15 $\times$ 0,008.	—	1	101 50	101 50
7	Carreaux octogones blancs, 0^m,20 de côté $\times$ 0,02.	—	300	6 10	1 830 00
8	Mains courantes, terre cuite	cent.	1	89 75	89 75
9	Tuiles plates de Marseille, dite à triple recouvrement	mille.	30	156 00	4 680 00
10	Tuiles faîtières, 0^m,40 de longueur	—	1	165 00	165 00
11	Balustre losange, terre cuite	—	1	348 00	348 00
12	Tuiles de rive	nombre.	3 000	1 60	4 800 00
	TOTAL.			. . . . .	21 174f 25

Observations.

Les briques pleines de France devront être bien cuites, dures, sans être vitrifiées, purgées de toute matière végétale, sans gerçure. Elles devront rendre un son clair et vif au choc du marteau et avoir les dimensions suivantes : 22 centimètres de long, 11 centimètres de large et 7 centimètres d'épaisseur.

Les briques creuses devront être également bien cuites, dures sans être vitrifiées et surtout entières. Toute brique éclatée ou fendillée sera refusée.

Les tuiles seront bien moulées et bien cuites, entièrement sonores, et sans gerçure ni bavure ; elles devront, sous peine de rebut, être exemptes de matières calcaires.

Les carreaux seront en ciment comprimé, des dimensions portées à l'état annexé ; ils seront conformes à l'échantillon tenu à la disposition des soumissionnaires. Ces carreaux devront être entiers, sans éclat. Tout carreau qui ne serait pas strictement conforme au modèle fourni, ou non intact, serait refusé. De même, aucune casse ne sera admise pour les losanges et mains courantes ; toute pièce écornée ou fêlée sera rigoureusement refusée. Ces losanges devront être, en outre, absolument conformes aux échantillons remis aux fournisseurs.

SOUMISSION

Nous soussignée, Compagnie française de l'Afrique occidentale, demeurant à Conakry, nous soumettons et nous engageons envers le secrétaire général, stipulant au nom et par délégation de M. le gouverneur de la Guinée française, à fournir et à livrer, à nos frais et risques, dans les locaux du service local, ou à l'emplacement désigné par l'administration à Conakry, dans les délais et aux conditions déterminées par le cahier des charges relatif à la fourniture des matériaux, denrées et objets divers nécessaires au service local du 1er avril 1906 au 31 mars 1907, composant le lot n° huit (8), moyennant le prix de fr. : 21 174,25 (vingt et un mille cent soixante-quatorze francs vingt-cinq centimes).

Il est bien entendu que les quantités portées dans la nomenclature auxquelles les prix unitaires sont appliqués pour l'adjudication n'engagent en rien l'administration de la colonie et seront réduites ou augmentées selon les besoins.

Nous déclarons en outre avoir une parfaite connaissance du cahier des charges particulières à ladite fourniture, ainsi que des conditions générales des marchés du 7 juillet 1899, et nous engageons à nous y conformer en tout ce qui n'est pas contraire aux stipulations qui précèdent.

Conakry, le 14 décembre 1905.

Par procuration de la Compagnie française de l'Afrique occidentale,

L'agent fondé de pouvoirs,

Signé : Vidor.

9e lot. — PEINTURE, HUILES, ESSENCES, VERNIS

No d'ordre	DÉSIGNATION DES MATIÈRES	UNITÉS	QUAN-TITÉS	PRIX de l'unité	TOTAUX
1	Blanc de zinc broyé à l'huile.	kilogr.	500	o 60	300 00
2	Brai gras en caisse de 5 kilogr.	—	40	o 35	14 00
3	Carboniléum, marque « Carbonyle » de la Compagnie française du Carbonyle, en estagnon de 5 et 20 kilogr.	—	300	o 70	210 00
4	Céruse broyée à l'huile	—	50	o 60	30 00
5	Coaltar, en boîte de 10 à 20 kilogr.	—	200	o 40	80 00
6	Eau de cuivre	litre.	50	o 65	32 50
7	Esprit-de-vin ou alcool	—	50	1 20	60 00
8	Essence de térébenthine, en estagnon de 20 litres.	estagnon.	42	29 00	1 218 00
9	— pétrole en estagnon de 20 litres	litre.	60	1 50	90 00
10	Goudron fin, en boîte de 5 à 10 kilogr.	kilogr.	120	o 65	78 00
11	Graisse d'armes en boîte de 500 grammes.	—	20	1 50	30 00
12	Huile compound spéciale, pour machine marine, première qualité	—	700	o 70	490 00
13	Huile d'arachides, logée.	litre.	1 300	o 65	845 00
14	— cuite, huile de lin préparée comme vernis, logée	—	250	o 80	200 00
15	Huile de lin épurée au clair en estagnon de 20 litres.	estagnon.	60	16 00	960 00
16	Huile de pied de bœuf.	litre.	35	1 15	40 25
17	Minium de fer en poudre	kilogr.	300	o 65	195 00
18	Ocre bleue de 1re qualité	—	30	o 35	10 50
19	— rouge de 1re qualité.	—	80	o 35	28 00
20	— jaune —	—	100	o 35	35 00
21	Peinture verte	—	150	o 65	97 50
22	Peinture au vernis blanche.	—	100	2 50	250 00
23	— jaune clair	—	10	2 50	25 00
24	— noir-ivoire	—	50	2 50	125 00
25	— rose clair	—	50	2 50	125 00
26	— bleu d'azur.	—	5	2 50	12 50
27	— brun d'acajou.	—	50	2 50	125 00
28	— gris rose pâle.	—	5	2 50	12 50
29	— marron.	—	5	2 50	12 50
30	Peinture chamois, boîte de 2 kilogr., broyée à l'huile.	—	50	o 60	30 00
31	Peinture noire fixe, broyée à l'huile.	—	100	o 60	60 00
32	— blanche, broyée à l'huile.	—	800	o 60	480 00
33	— bleue, broyée à l'huile	—	20	o 60	12 00
34	— jaune, broyée à l'huile	—	20	o 60	12 00
35	— rouge, broyée à l'huile.	—	50	o 60	30 00
36	Pétrole en estagnon de 20 litres	litre.	35 000	o 30	10 500 00
37	*Pinceaux à virole en cuivre, assortis.	nombre.	80	1 50	120 00
38	Siccatif en poudre, paquet de 500 grammes.	kilogr.	80	o 70	56 00
39	Valvoline spéciale pour cylindre, logée en baril.	—	200	1 10	220 00
40	Vernis au pinceau.	litre.	60	1 50	90 00
41	— tampon.	kilogr.	10	1 25	12 50
42	Noir de fumée en poudre	—	50	o 50	25 00
43	Minium de plomb.	—	300	o 80	240 00
	TOTAL.				17 618 75

SOUMISSION

Nous soussignée, Compagnie française de l'Afrique occidentale, demeurant à Conakry, nous soumettons et nous engageons envers le secrétaire général, stipulant au nom et par délégation de M. le gouverneur de la Guinée française, à fournir et à livrer, à nos frais et risques, dans les locaux du service local, ou à l'emplacement désigné par l'administration à Conakry, dans les délais et aux conditions fixées par le cahier des charges relatif à la fourniture des matériaux, denrées et objets divers nécessaires au service local du 1er avril 1906 au 31 mars 1907, composant le lot n° neuf (9) moyennant le prix de fr. : 17 718,75 (dix-sept mille sept cent dix-huit francs soixante-quinze centimes).

Il est bien entendu que les quantités portées dans la nomenclature auxquelles les prix unitaires sont applicables pour l'adjudication n'engagent en rien l'administration de la colonie et seront réduites ou augmentées selon les besoins.

Nous déclarons en outre avoir une parfaite connaissance du cahier des charges particulières à ladite fourniture, ainsi que des conditions générales des marchés du 7 juillet 1899, et nous engageons à nous y conformer en tout ce qui n'est pas contraire aux stipulations qui précèdent.

Conakry, le 14 décembre 1905.

Par procuration de la Compagnie française de l'Afrique occidentale,

L'agent fondé de pouvoirs,

Signé : Vidor.

PROCÈS-VERBAL D'ADJUDICATION

Aujourd'hui, quatorze décembre mil neuf cent cinq, nous, Desaille, administrateur en chef des colonies, secrétaire général p. i., président ; Marlot, commis de 1re classe des secrétariats généraux, chargé du 3e bureau du gouvernement ; Gillot, conducteur des travaux publics des colonies, membres ; Brière de l'Isle, commis de 4e classe des affaires indigènes, secrétaire de la commission des marchés instituée par arrêté du 21 janvier 1905, avons procédé à l'adjudication sur soumissions cachetées de la fourniture des matériaux, denrées et objets divers nécessaires au service local de la Guinée française du 1er avril 1906 au 31 mars 1907.

La séance est ouverte à 9 heures du matin ; durant les quinze minutes qui suivent, dix-sept soumissions ont été remises entre les mains du président et déposées sur le bureau.

Après lecture du procès-verbal d'examen des échantillons et conformément aux dispositions de l'article 26, § 3, des conditions générales des marchés du 7 juillet 1899, les soumissions déposées par la Compagnie française de l'Afrique occidentale pour les lots nᵒˢ 3, 5 et 6, et par la Compagnie coloniale d'exportation pour les lots nᵒˢ 3, 4, 5 et 6 sont écartées.

Après examen des pièces présentées à l'appui, les soumissions, retirées de leurs enveloppes closes et lues à haute voix, ont donné les résultats suivants :

1er lot.

La Compagnie française de l'Afrique occidentale soumissionne au prix de. 21 395ᶠ 50
La Compagnie coloniale d'exportation soumissionne au prix de 22 452 00

2e lot.

La Compagnie française soumissionne au prix de. 42 827 50
La Compagnie coloniale soumissionne au prix de. 45 757 50

4e lot.

La Compagnie française soumissionne au prix dé. 18 218 30

7e lot.

La Compagnie française soumissionne au prix de. 37 951 00

8e lot.

La Compagnie française soumissionne au prix de. 21 174 25
La Compagnie coloniale soumissionne au prix de. 22 952 50

9e lot.

La Compagnie française soumissionne au prix de. 17 718 75
La Compagnie coloniale soumissionne au prix de. 19 407 50

En conséquence,

La Compagnie française de l'Afrique occidentale :
Pour le 1er lot, au prix de 21 595 50
Pour le 2e lot, au prix de 42 827 50
Pour le 4e lot, au prix de 18 218 30
Pour le 7e lot, au prix de 37 951 00
Pour le 8e lot, au prix de 21 174 25
Pour le 9e lot, au prix de 17 718 75

ayant fait les offres les plus avantageuses pour la colonie, a été déclarée adjudicataire provisoire, sous réserve de la vérification des calculs et de l'approbation du gouverneur en conseil d'administration.

Fait à Conakry les jour, mois et an que dessus.

Le président,
Signé : Desaille.

Les membres,
Signé : Gillot, Marlot.

Le secrétaire,
Signé : Brière de l'Isle.

L'adjudicataire,
Par procuration de la Compagnie française
de l'Afrique occidentale,
Signé : de Lahitolle.

PROCÈS-VERBAL D'ADJUDICATION

Aujourd'hui, vingt et un décembre mil neuf cent cinq, nous, Desaille, administrateur en chef des colonies, secrétaire général p. i., président ; Marlot, commis de 1re classe des secrétariats généraux, chargé du 3e bureau du gouvernement ; Merlin, conducteur des travaux publics des colonies, remplaçant M. Gillot, conducteur des travaux publics, empêché, membres ; Brière de l'Isle, commis de 4e classe des affaires indigènes, secrétaire de la commission des marchés instituée par arrêté du 21 janvier 1905, avons procédé à l'adjudication, sur soumissions cachetées, de la fourniture des matériaux, denrées et objets divers nécessaires au service local de la Guinée française du 1er avril 1906 au 31 mars 1907, et portés au cahier des conditions particulières sous la dénomination : lots n°s 3, 5 et 6.

La séance est ouverte à 9 heures du matin ; durant les quinze minutes qui suivent, six soumissions ont été remises entre les mains du président et déposées sur le bureau.

Après examen des pièces à l'appui, ces soumissions, retirées de leurs enveloppes closes et lues à haute voix, ont donné les résultats suivants :

3e lot.

La Compagnie française de l'Afrique occidentale soumissionne au prix de.   14 903^f 10
La Compagnie coloniale d'exportation soumissionne au prix de. 16 084 90

5e lot.

La Compagnie française soumissionne au prix de. 29 912 90
La Compagnie coloniale soumissionne au prix de. 29 916 55

6e lot.

La Compagnie française soumissionne au prix de. 8 120 75
La Compagnie coloniale soumissionne au prix de. 9 040 50

En conséquence,

La Compagnie française de l'Afrique occidentale ayant fait :
  Pour le 3e lot, au prix de 14 903 10
  Pour le 5e lot, au prix de 29 912 90
  Pour le 6e lot, au prix de 8 120 75

les offres les plus avantageuses pour la colonie, est déclarée adjudicataire provisoire sous réserve de la vérification des calculs et de l'approbation du gouverneur en conseil d'administration.

Fait à Conakry les jour, mois et an que dessus.

Le président,
Signé : DESAILLE.

Les membres,
Signé : MERLIN, MARLOT.

Le secrétaire,
Signé : BRIÈRE DE L'ISLE.

L'adjudicataire,
Par procuration de la Compagnie française
de l'Afrique occidentale,
Signé : DE LAHITOLLE.

PROCLAMATION DES RÉSULTATS DÉFINITIFS
DES ADJUDICATIONS PROVISOIRES

Le vingt-trois décembre mil neuf cent cinq, à 9 heures précises du matin, conformément à l'article 4 du cahier des charges et conditions particulières relatives à l'adjudication sur soumissions cachetées de la fourniture des matériaux, denrées et objets divers nécessaires au service local de la Guinée française du 1er avril 1906 au 31 mars 1907, modifié le 14 décembre 1905, la commission des marchés, après examen des soumissions déposées et rectification des erreurs de calculs commises dans l'application des prix aux quantités et dans les quantités elles-mêmes, a proclamé les résultats suivants :

1er lot. — Chaux et ciments.

La Compagnie française de l'Afrique occidentale soumissionne au prix de. 21 595f 50
La Compagnie coloniale d'exportation soumissionne au prix de. 22 452 00

2e lot. — Riz, foin, mil, orge, paille d'arachides.

La Compagnie française soumissionne au prix de. 42 827 50
La Compagnie coloniale soumissionne au prix de. 45 757 50

3e lot. — Toiles, tissus, habillement.

La Compagnie française soumissionne au prix de. 14 903 10
La Compagnie coloniale soumissionne au prix de. 16 084 90

4e lot. — Matières, objets et ustensiles divers.

La Compagnie française soumissionne au prix de. 18 218 30

5e lot. — Outils pour professions diverses, charbon.

La Compagnie française soumissionne au prix de. 27 262 30
La Compagnie coloniale soumissionne au prix de. 29 916 55

6e lot. — Cordages et objets spéciaux de matériel naval.

La Compagnie française soumissionne au prix de. 8 120 75
La Compagnie coloniale soumissionne au prix de. 9 040 50

7e lot. — Bois.

La Compagnie française soumissionne au prix de. 37 951 00

8e lot. — Briques, tuiles et carreaux.

La Compagnie française soumissionne au prix de. 21 174 25
La Compagnie coloniale soumissionne au prix de. 22 952 50

9e lot. — Peintures, huiles, essences, vernis.

La Compagnie française soumissionne au prix de. 17 618 75
La Compagnie coloniale soumissionne au prix de. 19 407 50

Fait et clos à Conakry les jour, mois et an que dessus le présent procès-verbal qui a été signé des seuls membres de la commission, l'adjudicataire provisoire ayant consacré ses soumissions en apposant sa signature aux procès-verbaux des 14 et 21 décembre 1905.

Le président,
Signé : Desaille.

Les membres,
Signé : Gillot, Marlot.

Le secrétaire,
Signé : Brière de l'Isle.

Approuvé en conseil d'administration dans la séance du 30 décembre 1905.

Le gouverneur,
Signé : A. Frézouls.

Notifié à l'intéressé le 18 janvier 1906.

Le secrétaire,
Signé : Brière de l'Isle.

Reçu notification le 18 janvier 1906.

Compagnie française de l'Afrique occidentale,
Comptoirs de la Guinée française,

L'agent fondé de pouvoirs,
Signé : de Lahitolle.

Enregistré à Conakry le 18 janvier 1906 :
Folio 154, n⁰ˢ 456, 457, 458, 459, 460, 461, 462, 463, 464.
Reçu : quarante-cinq francs pour neuf adjudications.

Signé : Le Boucher.

Nancy, imprimerie Berger-Levrault et Cⁱᵉ